AF340523

L 40
b
461

MOYENS

PRÉSENTÉS

A LA SECTION DE MARSEILLE,

PAR LE CITOYEN LACROIX,

Pour établir irrévocablement

LA LIBERTÉ ET L'ÉGALITÉ,

Dont l'impression a été ordonnée et l'envoi aux Commissaires réunis à la Maison-Commune et aux quarante-huit Sections.

(1793)

MOYENS

PRÉSENTÉS

A LA SECTION DE MARSEILLE,

PAR LE CITOYEN LACROIX,

Pour établir irrévocablement la liberté et l'égalité, dont l'impression a été ordonnée et l'envoi aux commissaires réunis à la maison-commune, et aux 48 sections.

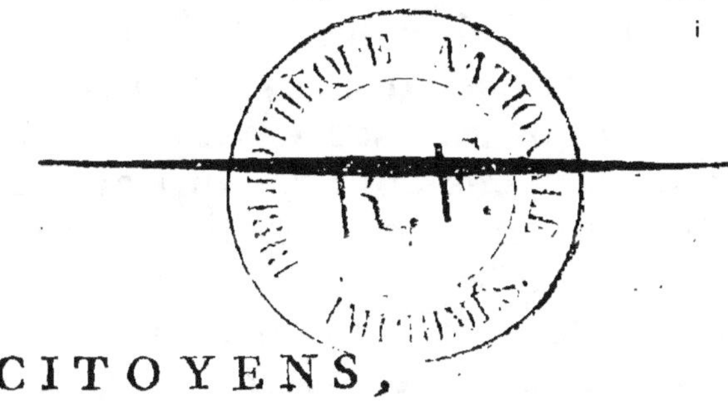

CITOYENS,

Le peuple vient de reconquérir véritablement sa liberté et ses droits. Il faut nous occuper sans délai des moyens de lui en assurer la jouissance, et nous ne pouvons y parvenir que par de sages et mures délibérations, en revenant aux premiers principes de l'ordre social et de l'immortelle déclaration des droits de l'homme.

A

Jamais peuple, depuis l'existence du monde, n'a eu une plus belle occasion d'assurer son bonheur, et par suite celui de tout l'univers. La barrière qui séparoit les citoyens peu fortunés d'avec les riches est renversée ; il suffit d'être homme et domicilié, vivant de son travail, pour exercer la souveraineté. Les jeunes gens ne se plaindront plus qu'on leur enlève le droit de voter dans les assemblées du peuple parce qu'ils n'ont pas de barbe. Ils y apporteront à la place un grand amour pour la liberté et la justice, une haine inextinguible pour les prêtres et les rois.

Je crois que la première opération que nous devons faire, seroit d'inviter, par une affiche, tous les citoyens de la section de *Marseille*, à venir se faire inscrire sur un registre, en rapportant seulement un certificat de deux citoyens connus, qui attesteront que le citoyen demeure dans l'étendue de la section, et qu'il n'est point dans l'état de domesticité ; alors on lui délivrera une carte d'entrée. Cette mesure évitera la confusion qui pourroit naître au moment des élections; car alors il seroit possible qu des citoyens qui ne seroient pas de la section vinssent délibérer avec nous, alors il n'y auroit plus d'ordre, et sans ordre on ne fait rien de bon. Cette mesure est d'autant plus pressante à prendre qu'avant peu les assemblées primaires seront convoquées pour la nomination de leurs représentans à la convention nationale.

Une fois cette mesure adoptée nous devons nous occuper des moyens de former une bonne convention nationale ; et pour y parvenir ne pourrions nous pas faire , au corps législatif, une pétition dans laquelle nous demanderions un nouveau mode d'élection attendu que le premier est immoral , destructif de la souveraineté du peuple , favorable aux intrigues et aux cabales. Ne seroit-il pas beaucoup plus simple et plus conforme aux droits du peuple que les citoyens nommassent directement leurs représentans , sans être obligés d'exprimer leurs volontés par l'organe des corps électoraux qui l'ont dénaturé jusqu'à présent. Ne seroit-ce pas encore un moyen d'avoir une bonne convention nationale que d'obtenir un décret qui en fermera l'entrée à ces vils constituans dont l'orgueil seroit irrité par la destruction de leur ouvrage , et qui essayeroient sans cesse d'en faire revivre les affreux principes. Je sais qu'on m'opposera à cela que si cette mesure étoit adoptée , elle nous ôteroit la faculté de nommer ces deux hommes immortels qui ont défendu , avec tant d'ardeur et de constance les droit du peuple , et que par-là nous serions privés de leurs vertus , de leur énergie et de leurs talens. D'abord tout le monde s'accorde à penser que le vertueux Pétion ne peut être mieux que dans le poste tribunitien qu'il occupe ; quand à M. Robespierre , la première place de la constitution populaire doit être la récompense de ses travaux héroïques et de son amour inaltérable pour le peuple ; et je ne crois pas que le bien qu'il pourroit faire à la convention nationale , puisse balancer le mal que pourroient nous y faire seulement 30 constituans qui s'opposeroient à tout ce qui ne seroit pas conforme à leur orgueil et à leurs principes machia-véliques.

Si dans l'état où nous nous trouvons nous remettions le sort de la liberté entre les mains des constituans, nous serions insensés et aussi pervers que les scélérats qui avoient remis la déclaration des droits entre les mains duquel nous avions conquis les trésors inappréciables de la liberté et de l'égalité ; nous serions aussi insensés, dis-je, qu'un homme qui, après avoir détruit une maison mal commode et peu solide parce que, par une perfidie de l'architecte, elle ne reposoit pas sur les fondemens qui lui étoient d'abord destinés, se serviroit de ce même architecte pour la re-bâtir de nouveau plus solide et plus commode.

Au reste, j'attache un si grand prix pour la chose publique à ce que Robespierre et Pétion soient représentans du peuple, que j'ai cherché un moyen qui put obvier à l'inconvénient d'avoir pour représentans à la convention nationale des constituans pervers ; ce seroit de tâcher de se procurer la liste de ces fauteurs du despostime, qui lors de la révision ont jugulé la liberté ; ont voté pour l'inviolabilité d'un exécrable parjure, d'un nationicide, et pour toutes les prérogatives royales. En nous procurant cette liste, nous en inonderont les départemens, nous dévoue-rons les noms et les personnes de ceux qui y seront à l'exécration publique, nous les dé-clarerons traîtres, infâmes et incapables d'ob-tenir la confiance du peuple qu'ils ont trahi indignement. Si tous les législateurs constituans étoient à Paris cette mesure seroit inutile, car je crois que Robespierre et Pétion seront, parmi les constituans, les seuls représentans des illustres Parisiens.

Vous savez, Citoyens, que les commissaires de section ont arrêté de faire imprimer la listes des chapelains, afin de les vouer à l'opprobre général et de leur fermer l'entrée de toutes les places. Cette mesure est propre à nous donner de bons électeurs, si le mode d'élection est conservé, et dans tous les cas de bons législateurs.

Cette mesure n'est pas la seule à prendre ; il faut aussi faire imprimer la liste des infâmes qui ont voté pour Lafayette le mercredi, et qui, deux jours après, ne se sont rendus aux principes de la souveraineté du peuple que par crainte comme les esclaves. Il faut envoyer cette liste dans tous les départemens, afin qu'ils retirent à jamais leur confiance à ces hommes corrompus, et qu'ils ne puissent pas même être notables dans un village. De cette manière, Citoyens, nous pouvons écarter de la convention nationale tous les esclaves des rois, et n'y faire entrer que les vrais amis du peuple. Sachons profiter d'une fatale expérience, ne donnons notre confiance qu'à des hommes éprouvés et qui n'ont pas variés depuis le 14 juillet 89 jusqu'à ce jour ; et à cet effet il est indispensable que chaque citoyen présente sa liste de candidats et qu'ils soient scrupuleusement discutés dans les assemblées ; il sera bon aussi d'y joindre les noms de ces metis en patriotisme, de ces machiavéliques profonds, revêtus du manteau de la liberté et de l'égalité, et qui n'aiment d'une révolution que les honneurs et la fortune qu'elle peut leur procurer. Une mesure qui doit accompagner celles que je vous ai déjà présenté, seroit que la commune de Paris fit une adresse aux 83 départemens sur les événemens du 10 et jours suivans, afin d'électriser toutes les ames des citoyens du feu sacré du patriotisme qui pourroit être égaré par des rapports perfides et mensongers, et afin de transmettre, en traits de flamme, à la postérité les faits mémorables de cette journée qui vaudra peut - être la liberté au monde entier.

La reconnoissance et l'intérêt de la liberté nous font aussi un devoir de rendre des honneurs extraordinaires et nationaux aux mânes des généreux fédérés et de ceux qui ont eu le courage de les imiter en bravant la mort, pour rendre leur pays libre; je propose à cet effet de faire une pétition à l'assemblée nationale, dans laquelle nous demanderons, au nom de la patrie en pleurs, d'accorder le terrein des Cordeliers à la municipalité de Paris, qui sera chargée d'en former une place publique vis-à-vis l'école de chirurgie, au milieu de laquelle seroit élevé un sarcophage antique, surmonté d'une pyramide sur laquelle seroient inscrits les noms immortels des martyrs de la liberté. Là, nos enfans viendront apprendre à lire et à former leurs ames à l'amour des grandes actions, là les foibles viendront puiser du courage, et les malheureux se consoler en pleurant sur le tombeau de leurs frères morts pour l'égalité. Un semblable monument entretiendra autant l'amour de la patrie que la vue de ces antropophages de bronze éteignoit les sentimens de liberté.

Ne négligeons aucun moyen d'alimenter l'esptit public, de régénérer nos mœurs corrompues; sachons que ces sortes de monument ont une grande influence sur l'esprit des peuples. En effet, qui ne se sentira pas ému à la vue de ce monument qui rappellera l'idée de toutes les vertus, la haine du vice et des rois. Que sur le pied-d'estal de l'insolent Louis XIV et du dissolu Louis XV s'élève dans les airs une pyramide où seront inscrits les noms de ceux qui sont morts pour la patrie. Ces endroits paroissent propices à cet usage, puisqu'ils ont été les théâtres sanglans des cruautés des satellites royaux; qu'à la place aujourd'hui nommée *place de la victoire nationale* s'élève la statue de la liberté, qu'elle remplace celle de ce féroce, de cet orgueilleux monarque qui ne parviendra à la postérité que par ses crimes. Que sur le pied-d'estal de Louis XIII soit une colonne où seront inscrits les noms des citoyens morts à la bastille. Que sur celui de Henri IV soit la statue de Rousseau comme le premier auteur de la révolution, par la promulgation de son contrat social. Il ne suffira pas, Citoyens, d'avoir renversé les statues des despotes et de les avoir remplacées par les images des bienfaiteurs de l'humanité, il faut nous assurer que dans aucun tems, pas même dans cent mille ans, elles ne puissent reparoître. En vain se servira-t-on du prétexte des arts pour les conserver. Rappellez-vous, Messsieurs, ce que disoit ce citoyen vertueux aux Romains corrompus par le luxe et la mollesse, qui sont presque toujours les enfans des arts. Abattez, leur disoient-ils, ces statues, brisez ces vases de Corinthe, si vous voulez conserver votre vertu et votre simplicité ; retournez à la charrue ou dans les camps, et vous recouvrerez par-là votre indépendance. Je ne prétends pas pour cela, Citoyens, et quoiqu'appuyé du sentiment de Rousseau, qu'il faille détruire les arts ; leur influence ne peut être aussi dangereuse chez nous que chez les romains, d'ailleurs ils entretiennent nos rapports commerciaux avec tous les peuples de l'Univers ; ils attirent dans notre patrie cette foule innombrable d'étrangers qui viennent nous apporter les tributs des deux mondes. Mais si un monument peut être dangereux par son influence morale sur l'esprit des peuples, il faut le briser sans pitié, et sur-tout si l'on peut en tirer parti ; or personne ne peut révoquer en doute que si l'assemblée nationale ordonnoit par un décret le renversement de toutes les statues de bronze élevées au despotisme et à la superstition dans tout l'empire, elles ne fussent dans le cas de produire à la nation au moins vingt millions de petite monnoie, monnoie qu'il seroit possible de rendre tellement redoutable aux tyrans et aux amis des rois, qu'il seroit impossible, d'un côté, qu'elle sortit de l'empire, et de l'autre, qu'elle pût être enfouie ; ce seroit de mettre d'un côté de la pièce de monnoie ces mots : *égalité, liberté*, de l'autre *souveraineté du peuple ;*

alors je vous réponds que les despotes rejet-
teront loin d'eux cette monnoie incendiaire ;
les amis du roi qui sont les riches, et qui
attendent, comme le messie, les autrichiens
et les prussiens, craindront d'être saisis de
cette monnoie des *sans - culottes*. Mais me
dira-t-on, les usuriers, les accapareurs la fon-
dront : non, Citoyens, et il est un bon moyen
pour les en empêcher, c'est de faire cette
monnoie au-dessous du *titre* ; c'est-à-dire que
si chaque pièce ne vaut que deux sols, d'après
le cours de l'Europe, de lui donner la valeur
de trois sols, alors vous tenez les usuriers
par leur foible, l'intérêt personnel ; et vous
aurez 3o millions de monnoie des *sans-cu-
lotes*, qui alimentera la circulation intérieure,
qui suffira au change des petits assignats et
nous mettra à même de nous passer des pièces
empreintes de l'effigie d'un traître, d'un traître
que nous devons tous jurer de ne jamais re-
connoître pour roi, et afin que ceux aux-
quels le peuple va donner sa confiance, ne
soient pas tenté de le trahir, il faut faire
passer dans tout l'empire un avis aux assemblées primaires pour qu'elles aient à intimer
les ordres du souverain dans des mandats qui
seront remis à ses représentans. Cette mesure
déjouera tous les projets, car les convention-
naux ne pourront pas prétexter de la non-
manifestation du vœu du peuple. Ce vœu ne
pourra être équivoque aux yeux même des
incrédulès, comme celui qu'ont prétendu
avoir en leur faveur les fabricateurs de la
constitution qu'ils n'ont cessé de méconnoître
et qui croyoient pallier leur crime par quel-

ques adresses faites à Paris, envoyées à des affidés des départemens et renvoyées à l'assemblée nationale.

Le vœu du peuple dans cettte circonstance sera légal et incontestable ; rien ne pourra le détruire : mais pour le faire naître, il seroit peut-être nécessaire de faire connoître à tout le peuple françois les crimes de Louis *le traître* et ceux de ses esclaves constituans, profiter de cette occasion pour prémunir le peuple contre les suggestions perfides des ennemis de la liberté qui cherchent à lui persuader que nous ne voulons pas de gouvernement, parce que nous ne voulons pas d'un roi parjure, lui faire sentir les dangers affreux de l'hérédité du pouvoir exécutif suprême ; lui prouver que vingt têtes troublent dans l'univers entier le bonheur et le repos de plusieurs milliards d'hommes ; que cependant sans prêtres et sans rois l'agriculture fleuriroit, le commerce seroit en vigueur, les arts en pleine activité : que les hommes revenus aux premiers élémens de l'ordre social et délivrés de leurs tyrans, marcheroient dans les sentiers de la prospérité et du bonheur ; parce que tous sentiroient qu'ils ne peuvent être heureux que du bonheur général. Alors les portes sanglantes de Mars seront fermées pour toujours ; l'âge d'or règnera sur la terre et fera croire à l'existence d'un être suprême, d'un être suprême qui a fait l'homme pour être heureux et libre et non pas pour être l'esclave d'hommes pétris du même limon qu'eux, et dont la race a toujours été perverse.

Au milieu de la foule moyensde qui se sont

présentés à mon esprit pour établir la liberté d'une manière à jamais durable ; il en est un qui est trop important pour que je le passe sous silence ; c'est de demander à l'assemblée nationale l'abolition de cet habit bleu d'uniforme qui a fait tant de plaies à la liberté, et qui a failli de la détruire totalement. Qui ne sent que dans un pays où les principes de l'égalité sont adoptés, ce seroit les détruire que d'introduire une distinction funeste qui tendroit à mettre dans les têtes des citoyens des sentimens de supériorité et d'oppression vis-à-vis de leurs semblables. De deux choses l'une, il faut que tous les citoyens aient l'habit d'uniforme ou que personne n'en ait ; et en revenant aux principes, on sentira la nécessité d'établir un pareil ordre de choses ; car si tous les citoyens n'ont point l'habit, ceux qui en auront se croiront plus gardes-nationaux que ceux qui ne pourront pas en avoir ; cependant tous sont également gardes-nationaux ; car, qu'est-ce qu'un garde national ? c'est un homme qui garde la nation : et qui sont ceux qui ont le droit de la garder ? ce sont ceux qui l'habitent ; donc tous sont gardes-nationaux en habit ou sans habit.

Ces principes sont si incontestables, si conformes aux droits du peuple, que l'assemblée nationale ne peut sans se déshonorer ne pas les adopter, je dis plus, ne pas punir exemplairement celui qui depuis quatre ans les a constamment méconnus, qui a conspiré ouvertement contre la liberté et l'esprit public, et qui a eu l'audace pour mettre le comble à ses forfaits de dicter des loix aux représentans du Souverains.

Soyons les organes des Français, qui aiment vraiment la liberté, demandons à l'assemblée nationale que d'après les papiers saisis chez l'autrichien, et qui dévoilent la trahison de ce soldat rébelle, il soit fait un nouveau rapport, que l'assemblée nationale revenant aux principes, l'envoye dans les cachots d'Orléans; et que sa tête impure roule dans les paniers de la guillotine et qu'ensuite elle soit exposée sur une pique de soixante pieds de coudées pour l'effroi des traîtres à venir; qu'un décret ordonne comme le Sénat Romain après la mort de l'empereur Commode, que sa maison sera rasée, qu'il soit défendu d'y bâtir comme un endroit profane et impie; que le nom de ce moderne Sylla, soit rayé de dessus de tous les actes publics, et que le fidèle et sévère pinceau de l'histoire, transmette à la postérité ses crimes, ses forfaits en sa punition exemplaire; et afin que personne ne soit tenté de l'imiter, demandons à grands cris des armes, que chaque citoyen reçoive de la patrie un fusil, une pique, un sabre et deux pistolets; et qu'on lui fasse jurer en les recevant qu'il ne s'en servira que pour la cause de l'égalité.

Après vous avoir, Messieurs, présenté les moyens généraux d'établir la liberté, il est un moyen qui, quoique regardant plus particulièrement Paris, n'en sera pas moins utile pour la chose publique s'il est adopté; car Paris, est véritablement par sa situation politique, le cœur de l'empire Français.

Je veux parler d'un nouveau plan de munici-palité et du rétablissement des districts. N'oubliez point dans ce plan de redemander la restitution d'un droit usurpé par l'ancienne municipalité, celui de nommer le secrétaire greffier et les deux adjoinnts s'ils sont nécessaires, ce dont je doute, de trésorier, d'archiviste, de bibliothécaire, d'imprimeur, d'architecte, de fournisseurs de toute espèce et de tous les commis. Cet objet est d'autant plus important, que ces places ont été jusqu'à présent données aux aristocrates les plus ra- finés, au lieu d'être la récompense des services rendus à la révolution. Un imprimeur, un architecte, les fournisseurs ne feront plus en deux ans des fortunes scandaleuses, parce que la justice et les principes d'égalité vous feront un devoir de diviser le travail, afin de diviser le bénéfice, qui refluera dans le sein des familles peu favorisées de la fortune. Quand on veut sincèrement établir la liberté, aucun moyen quelque petit qu'il soit ne doit être, négligé. Aussi, Messieurs, tous les ci- toyens ont applaudi à votre arrêté concernant le théâtre français; le corps politique étoit rem- pli d'humeur, il faut le purger dans toutes ses parties, aussi nous sommes bien déterminés à ne laisser circuler aucuns de ses poisons moraux qui tuent l'esprit public, soit dans les jour- naux, dans les affiches, dans les spectacles. Par-tout, la souveraineté du Peuple doit-être respectée, et nous en sommes tous les défen- seurs comme partie du souverain. Ne laissons donc jouer sur le théâtre de la nation que Brutus, la mort de César, Guillaume Tell, demandons aux acteurs qu'ils jouent enfin la fameuse tragédie de Durier intitulée *Mucius*

Scévola, que le citoyen Ronsin que vous connoissez tous, a enrichi de la magnificence et de la pompe de sa diction, que vous avez admiré dans sa *ligue des Fanatiques et des Tirans.* Cet estimable citoyen s'occupe depuis la révolution à donner de l'énergie au peuple, en mettant sur la scène, des tragédies, dont certains morceaux sont dignes de Voltaire ; j'en atteste ceux qui ont vu sa dernière tragédie intitulée *la mort d'Arétaphile ou la révolution de Cyrène.* Il s'occupe dans ce moment d'adapter à la circonstance la diète de Ratisbonne où la ligue des rois , pièce capable de doubler l'énergie du patriotisme , par la chaleur des idées vraiment nobles qu'elle renferme. Je vous prie, Messieurs, de donner à votre arrêté le développement dout il est susceptible ; vous pouvez charger MM. Fabre et Murville vos commissaires, de porter votre vœu aux comédiens, et je ne doute pas qu'ils n'y satisfassent sur-le-champ. Quand la liberté sera affermie , nous irons nous reposer de nos travaux à la représentation de ces tragédies civiques et romaines, et nous remplirons le précepte d'Horace , en réunissant l'utile à l'agréable.

De l'Imprimerie du Cercle Social , rue du Théâtre - François , n°. 4

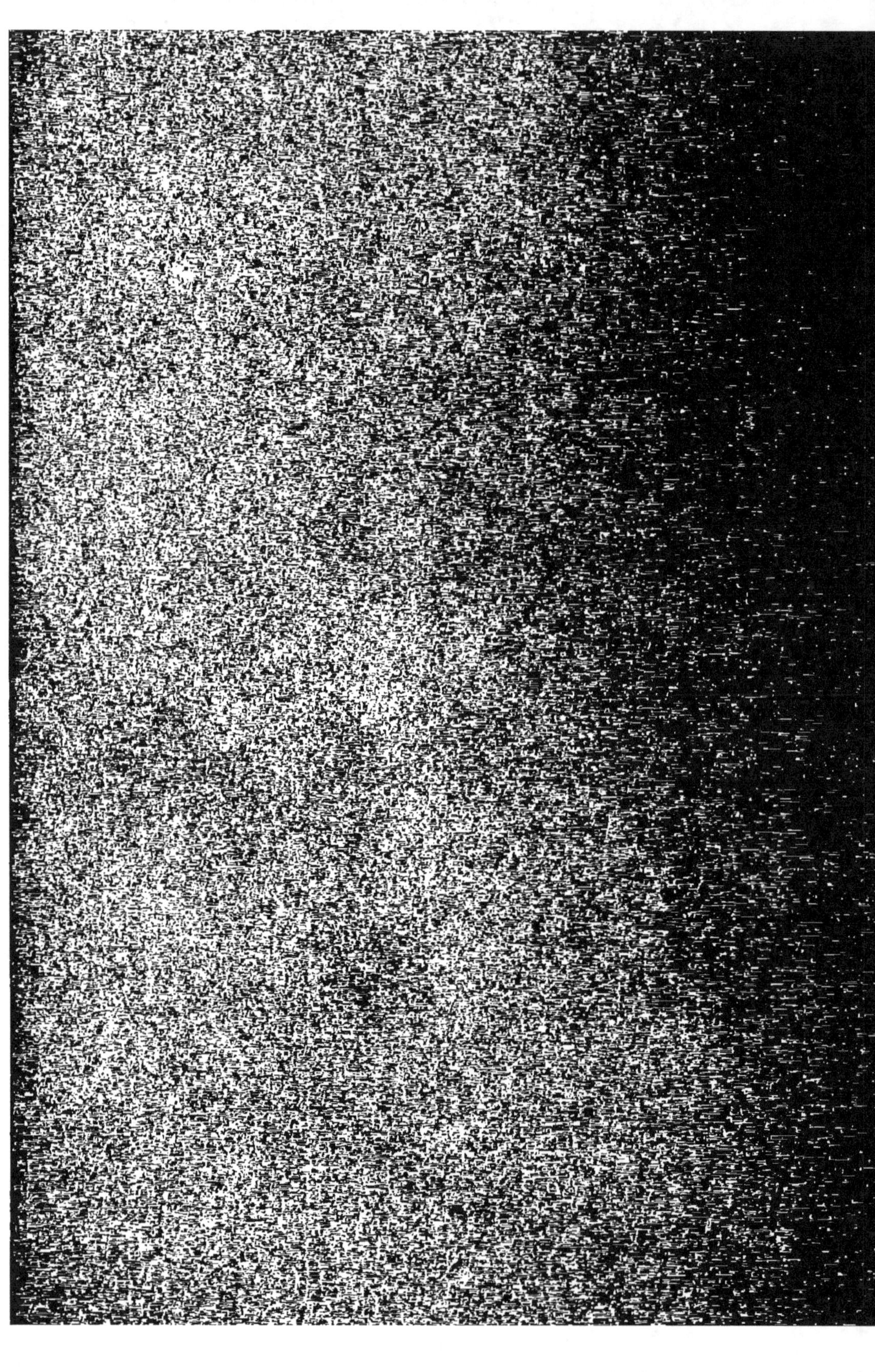